Bibliografische Information der Deutschen Nationalbibliothek
Die Deutsche Nationalbibliothek verzeichnet diese Publikation in der
Deutschen Nationalbibliografie; detaillierte bibliografische Daten sind
im Internet über http://dnb.dnb.de abrufbar.

IMPRESSUM

1. Auflage November 2022
Redaktion: Uli Homann
Satz und Layout: Joachim Bartels
Umschlaggestaltung: Joachim Bartels
Umschlagbilder: Oli Hilbring
Druck und Bindung: Multiprint GmbH, Kostinbrod 2230, Slavianska Str. 10 A, Bulgarien
© Klartext Verlag, Essen 2022
ISBN 978-3-8375-2514-4

KLARTEXT

Jakob Funke Medien Beteiligungs GmbH & Co. KG
Jakob-Funke-Platz 1, 45127 Essen
info.klartext@funkemedien.de
www.klartext-verlag.de

SCHAAALKE

DIE BESTEN CARTOONS VON OLI HILBRING

KLARTEXT

INHALT

Die Hitze machte dem Cartoonisten zu schaffen ...

AUS DER WERKSTATT

In Herne groß geworden, wollte ich als Schalke-Fan auf dem Bolzplatz am Regenkamp immer Klaus Fischer sein, obwohl ich ziemlich oft ins Tor musste ... Zum Glück war ich immer Realist und habe schon damals erkannt, dass ich besser zeichnen als kicken konnte. Ein Talent, das mich am Ende mit limitierten Fußballfähigkeiten in die ARD-Sportschau und nicht zuletzt sogar in den RevierSport gebracht hat.

Fußball-Cartoonist. Viele sagen auch Comic-Zeichner, aber ich mache Cartoons. Comics erzählen eine Geschichte in mehreren Bildern, aber mir reicht ein einziges Bild, um die Geschichte eines ganzen Fußballspiels zu erzählen. Es gibt immer den einen Moment, die eine Spielszene oder das kollektive Gefühl eines Spiels, man muss es nur einfangen und witzig in Szene setzten.

Das mache ich nun schon ein paar Jahre und immer wieder beobachte ich dafür die Spiele des ruhmreichen FC Schalke 04. Es war nicht immer einfach – auf dem Platz und am Zeichentisch –, aber jetzt können wir zusammen zurückblicken auf die letzten zehn Jahre Schalke in Cartoons, kuratiert und kommentiert vom wunderbaren Uli Homann.

Viel Spaß und Glück Auf mit den besten Cartoons über Schaaalke ...

Oli Hilbring

AUFSTIEG (AUS RUINEN)

Schon mehrfach in seiner Geschichte steigt Schalke wie Phönix aus der Asche. Vor dem Zweiten Weltkrieg, als eine ganze Mannschaft wegen „Geldannahme" gesperrt wird. Und ein Jahr später vor 70.000 Menschen in der Glückauf-Kampfbahn umjubelt zurückkehrt. Oder als nach dem vermeintlichen Abstieg 1965 drei Jahre lang mit einer faktisch nicht für die Bundesliga tauglichen Mannschaft um den Klassenerhalt gerungen wird. Die achtziger Jahre sind ein ständiges Auf und Ab, Ende des Jahrzehnts scheint durch eine unglaubliche Misswirtschaft endgültig alles in Schutt und Asche gelegt. Nach zartem neuerlichem Aufblühen sorgt ein selbsternannter Regent auf Schalke dafür, dass nicht einmal mehr Geld für Waschmittel vorhanden ist.

Doch so schlimm wie 2021 kann es ja eigentlich nicht kommen. Verantwortungslose Funktionäre bauen einen gigantischen Schuldenberg auf, ein Trümmerhaufen von einer Mannschaft steigt ab. Wirklich gar nichts spricht für einen erneuten Aufstieg aus solchen Ruinen. Und dann dieses faszinierende Aufholrenner hin zum Meistertitel der Zweiten Liga. Schalke lebt wieder. Immer noch.

MUTTERTAG AUF SCHALKE

Neulich nach dem Aufstieg ...

Von dem guten Stück hat Mama doch immer schon geträumt. (2021/22)

Schalke trauert ...

2020 war Halbmast-Beflaggung bis zur Eckfahne auf Schalke angesagt.

Neulich in Gelsenkirchen ...

Nach der Bayern-Klatsche ging es mit 0:3 gegen Bremen den Bach runter (2020/21)

Warum Naldo Co-Trainer von Manuel Baum wird …

Viel Zeit blieb beiden nicht, um über die Mauer zu gucken. (2020/21)

Chancen in der Krise ...

Aus der Flaschenpost wurde am Ende ein Scherbenhaufen. (2020/21)

Neu: die Schalke-Warn-App …

Corona gab auch Schalke den Rest. (2020/21)

War's das?

Keine Hoffnung mehr. Nicht mal ein Strohhalm. (2020/21)

Kumpel-Treffen in Liga zwei …

Nach dem 5:0 in Aue schnupperte Schalke ein bisschen an den Aufstiegsplätzen. (2021/22)

Nach 30 Toren kann man auf Schalke getrost mehr als eine Straße nach Simon Terodde nennen ... (2021/22)

Auf diese Live-Momente hat Schalke lange gewartet ...

... Sie waren die Aufstiegsgarantie. (2021/22)

Spielerfrauen privat …

Nach diesen beiden Spielen glaubte niemand mehr an den Aufstieg: 1:4-Klatsche in Regensburg … (2021/22)

Sieben Tore auf Schalke …

... und dann die 3:4-Heimniederlage gegen Hansa Rostock. (2021/22)

Neulich an der Tabellenspitze: Schalke arbeitet am Aufstieg ...

Die „Kollegen" aus Nürnberg konnten am letzten Spieltag nichts mehr falsch machen. (2021/22)

Neulich in Gelsenkirchen ...

Nach dem 3:2 gegen St. Pauli war ganz Gelsenkirchen ein einziger Steinbruch. (2021/22)

FAN-ALLTAG

Wo genau lässt sich das Mysterium Schalke verorten? Sind es die Präsidenten und Manager, die Trainer und Spieler? Die alle kommen und wieder gehen. Ist es die Arena, die Reste des Parkstadions oder gar die Glückauf-Kampfbahn, deren Tribüne unter Denkmalschutz steht, und die Kasse für Vollzahler neben der Kneipe Bosch, die auch in den Verdacht kommen könnte, „dat wahre" Schalke zu verkörpern?

Es sind wohl die Fans mit ihrem Stolz und ihrer treuen Anhänglichkeit über Generationen. Vom Vater auf den Sohn übertragen. Das Wochenende ist versaut, wenn ihr Verein verliert. Aber das Leben fühlt sich auch in einer schmierigen Junggesellenwohnung in Ückendorf richtig gut an, wenn man obere Tabellenregionen bevölkert, was zuletzt aber nicht so häufig der Fall war.

Bei Oli tragen die Schalke-Fans häufig, eigentlich immer, Trikot, Fahne und Bierpulle. Sie stellen dumme Fragen, die schlauer sind als man denkt. Und sie haben das blau-weiße Herz immer auf dem rechten Fleck.

Doof, wenn man unter dem Vizemeister wohnt ...

Schalke feiert schon, Dortmund zittert noch um die Champions League. Das ist noch nicht so lange her ... (2017/18)

Fanfreundschaft …

Schalke fängt sich eine 1:4-Klatsche in Nürnberg. Eine schöne Freundschaft ist das … (2012/13)

Ein Spiel zum heulen, ab in die „Wein" Stube …

Nach dem 0:2 in Leverkusen finden die Fans nicht einmal Oli Hilbring mehr lustig. (2012/13)

Wenn die Fanartikel-Abteilung schnell wäre ...

Beim 4:1 gegen Mainz trifft der Holländer drei Mal. Drei Tage vorher hatte es aber eine 0:5-Klatsche in der Champions League bei Chelsea London gegeben. (2014/15)

Nach dem Osterausflug traf man sich auf der A45 ...

Pleiten im Ober- und Unterhaus. In der Liga trifft man sich nicht. Aber auf der Autobahn (2014/15)

Schalke feiert besten Saisonstart seit 44 Jahren ...

Nach den ersten sieben Spielen fünf Siege auf dem Konto. Da müssen persönliche Dinge auch mal zurücktreten. (2015/16)

Normalität vor dem Top-Spiel ...

Der Auftakt-Optimismus ist aber schnell verflogen. Nach dem 1:3 gegen die Bayern herrscht wieder Alltag auf Schalke. (2015/16)

Neulich im Stehcafé …

Es wird alles teurer. Die Fans machen sich da keine Illusionen mehr, dass ein Lottogewinn für einen neuen Stürmer reichen könnte. (2015/16)

Das muss doch zu schaffen sein …

Läuferischer Ehrgeiz auf Rasen und Rängen (2016/17)

Neulich vor dem Bayern-Spiel ...

Anderes Wort für Alptraum hätte auch gepasst. (2016/17)

Neulich in Gelsenkirchen …

Personal-Experimente kommen auf Schalke selten gut an. (2016/17)

Ein erstes Saisonfazit ...

Fachmänner unter sich (2016/17)

Man muss auf gesunde Ernährung umstellen, um eine Chance darauf
zu haben, eine Schalker Meisterschaft noch zu erleben. (2016/17)

Manche wollen leiden. (2018/19)

Nach dem Spiel gegen Werder erstmal zum Ultraschall ...

So ungesund präsentierte Schalke sich gar nicht. Aber die zwei Eggestein(e) taten dann doch weh. (2018/19)

Montag morgen im Büro ...

Man lässt ja nichts unversucht. (2020/21)

Wenn Schalke im Ally Pally spielen würde ...

Eine Saison der Fehlwürfe. (2020/21)

Schalker, ein bisschen eingerostet ...

Schalke muss ganz mühsam wieder das Jubeln lernen. Junge Fans können nicht wissen, wie das geht. (2020/21)

Bundesliga hat begonnen ...

Schalke beginnt bei den Bayern. Da will man top gepflegt sein unter der Maske (2020/21)

Neu im Schalke-Fanshop …

Die findige Fan-Abteilung hat immer das passende Shirt im Angebot. (2020/21)

HINTER DEN KULISSEN

So cool und meinungsstark können die vorlautesten Fans nicht sein, dass sie nicht doch immer mal wieder auf die Medien achten, was die denn vielleicht doch besser wissen. Weil: Die sind nah dran und blicken hinter die Kulissen. Was mag da abgehen hinter den verschlossenen Türen der Geschäftsstelle? Und erst in der Kabine. Beim Training und in der Halbzeit. Das wüsste man dann doch gerne. Kleiner Trost: die Journalisten auch. Wie ist das, wenn der Aufsichtsrat tagt, der Trainer seine Jungs erreichen will und die Spieler einen neuen Vertrag unterschreiben sollen? Oli Hilbring nimmt uns an die Hand und lässt uns „blind Mäusken spielen", wie man im Revier sagt, und meint: „Hej, Schreiber, sei mal unser Medium, dann kaufen wir dir vielleicht auch deine Zeitung ab." Aber davon mal abgesehen: Mancher Blick hinter die Kulissen macht eher traurig. Und danach ist man vielleicht auch gar kein Fan mehr.

Zur Stimmungslage bei den Revier-Klubs ...

Von Vertragsgesprächen zwischen Beratern und Vereinen haben manche Fans eine völlig falsche Vorstellung. (2017/18)

Huub Stevens hat die Mannschaft nicht mehr erreicht.

Am Jahrhundert-Trainer ist manche technische Innovation ein wenig vorbeigegangen. (2012/13)

Das Verletzungspech begleitet Schalke seit Jahren.
So wird in der Trainerkabine damit umgegangen. (2014/15)

Es war nicht nur eine Frage des Fußball-Konzeptes ...

Aufsichtsrats-Chef Clemens Tönnies ... (2014/15)

Schalke-Boss Tönnies präsentiert Übergangslösung …

... wusste noch immer einen Ausweg. (2015/16)

Di Matteo, der neue auf Schalke ...

Der Deutsch-Kurs für Anfänger läuft auf Schalke etwas anders. (2014/15)

Christian Heidel: Schalke-Vorstand stellt letzte entscheidene Frage ...

Manager Heidel hat sich auf Schalke ... (2015/16)

Kostenschere Heidel ...

... richtig Mühe gegeben. (2018/19)

Breitenreiter wagt den Blick in die Glaskugel ...

Trotz Platz fünf am Ende der Saison muss sich Coach Breitenreiter
wieder in die Tagesfreizeit verabschieden. (2015/16)

Neulich in der Halbzeit …

So läuft das also, wenn Schalke in der zweiten Halbzeit kontrolliert spielt. (2015/16)

Manager Heidel hatte schon über 20 Spieler transferiert ...

Ein in jeder Hinsicht würdiger Nachfolger (2016/17)

Das integrierte Marketing Konzept kostet weitere Sympathien.

Aber RB Leipzig ist ja auch so schon beliebt genug. (2016/17)

Doktor Sommerpause: Rumdoktern auf Schalke ...

Christian Heidel beim Manager-Spiel. Wie schön, wenn man das Geld anderer Leute aus dem Fenster werfen kann. (2017/18)

Schalke: Tedesco plant keinen weiteren Transfer …

2017 kam der dickste Fisch, Nabil Bentaleb, auf den letzten Drücker …

Verkaufsstrategie auf Schalke …

... sein Weiterverkauf war nicht ganz so einfach. (2019/20)

Berater, Spieler und Verein …

Da waren ja die Richtigen zusammen. (2017/18)

Pressekonferenz mit Christian Streich ...

Den Zauber von Pressekonferenzen nach den Spielen kann ja auch nicht jeder erleben.
Mediendirektor Spiegel moderiert gewohnt zugeknöpft. (2018/19)

Neulich im Ruhrgebiet ...

Ach, so läuft das ... (2018/19)

Nach Kung-Fu-Foul hat Nübel viel Zeit zum Nachdenken …

An Torwart Nübel hatte Schalke
so richtig Spaß. (2019/20)

Neulich in München …

Die Wahl des richtigen Hotels hat schon bei manchem prima Ergebnis
Pate gestanden. 0:8 ist doch soweit in Ordnung. (2019/20)

Woran scheiterte das erweiterte Tönnies-Sponsoring wirklich …

Schalke 04 lässt nicht alles mit sich machen. (2020/21)

Neulich im Schalke-Forrest ...

So lief das ab im Lockdown. (2020/21)

Schalke unterstützt im Lockdown lokale Unternehmen ...

Peter Neururer düst auf Schalke immer mal wieder vorbei. Er hat es ja auch nicht weit. (2020/21)

Schalke-Trainer redet die Mannschaft stark …

So schlimm war es auch nicht. Den einen oder anderen Spielernamen kannte Trainerfuchs Groß schon … (2020/21)

Jetzt wird telefoniert ...

Huub war auf alles vorbereitet. (2020/21)

SCHALKER BRAUCHTUM

Selbst die Würde hoher kirchlicher Feiertage ist für den Schalker stark abhängig vom aktuellen Tabellenstand. An Weihnachten hängen die Kugeln am Baum niedriger, wenn die Hinrundentabelle nichts Gutes für eine Wiederaufnahme des Spielbetriebs verheißt. Und mancher Wunsch der Liebsten bleibt unerfüllt. Auch die Lust auf Karneval oder Halloween richtet sich wesentlich danach, ob es sportlich etwas zu lachen gibt. Bei manchem Prunkwagen bleibt den Faschingsfreunden dann doch das Lachen im Halse stecken. Und oft ist die Realität weit gespenstischer als es eine Grusel-Party herzustellen vermag.
Doch da sind auch die eigenen blau-weißen Bräuche, die mit Inbrunst besungen werden. Von der Legende vom Schalker Markt, den Eurofightern, Rudi Assauer und Huub Stevens, den Kreisel-Legenden und dem Mythos der Glückauf-Kampfbahn. Die sind zeitlos und können jederzeit und unabhängig vom sportlichen Wohl und Wehe heraufbeschworen werden. Auf dass kein Auge trocken bleibt.

Bei den anspruchsvollen Schalke-Fans muss auch der Weihnachtsmann immer mal wieder durchgreifen.
(2012/13)

Huub Stevens zurück auf Schalke …

Auf Schalke fährt man bei den Brauchtumstagen immer mal wieder zweigleisig. (2011/12)

Horrorspiel fur Hoffenheim …

Schalke siegt 3:1 an Halloween und Hoffenheim kriegt was auf die Socken. (2011/12)

Die Karnevalskostüme der Fußballprofis …

Nach dem 0:4 in München hält sich die Karnevals-Fröhlichkeit auch wieder in Grenzen. (2012/13)

Oktoberfest-Start auf Schalke …

Man feiert ja mittlerweile auch im Ruhrgebiet mancherorts Oktoberfest. Zünftig mit einem 0:4-Stimmungskiller gegen die Originale aus Bayern (2013/14)

Bleigießen mit Jens Keller und Horst Heldt ...

In der Saison 2013/14 geht man mit einem ausgeklügelten Plan in die Rückrunde.

Das Nikolaus-Wochenende bei den Revierclubs ...

2014 meinte es der Nikolaus gut mit den Königsblauen (Sieg in Stuttgart).

Rosenmontagszug in Gelsenkirchen ...

Di Matteo wollte auch beim Rosenmontagszug den Fans seinen Defensivfußball näher bringen. (2014/15)

Halloween in Gelsenkirchen ...

Friedlich sammeln die Matip-Brüder beim 1:1 in Ingolstadt gegeneinander jeder ein Pünktchen ein. (2015/16)

Karneval auf Schalke ...

„Jule" Draxler ist Karneval zu Besuch auf Schalke und kann die
0:3-Klatsche seiner Wolfsburger auch nicht verhindern. (2015/16)

Die Knappen sind Schlusslicht ...

Als es mal ein bisschen schlechter lief, glaubte man schon,
ganz unten zu sein. (2016/17)

Ein heißer Sommertag in Frankfurt …

2016/17 ging der Saisonstart mal wieder in die Badehose.

Wenn der Transfermarkt nichts hergibt: Piel op no Crange …

Auf der Suche nach seinem Sechser kam Manager Heidel auch mal auf der Cranger Kirmes vorbei. (2016/17)

Die Winter-Weihnachts-Tabelle ...

Neue Erwartungshaltung auf Schalke:
Die Kugeln hängen tiefer. (2016/17)

Halloween-Party in Gelsenkirchen ...

Halloween pur, wenn Du in der Nachspielzeit (90+4) per Elfmeter
das 1:1 kassierst. (2017/18)

Schalke: Ausgleich in der Nachspielzeit …

Weihnachtszeit 2017. Naldo trifft in der Nachspielzeit in Frankfurt zum 2:2-Ausgleich und übt schon mal für einen ähnlichen Auftritt in Dortmund. (2017/18)

Weihnachten auf Schalke ...

Kurzzeitig galten Goretzka und Meyer mal als Hoffnungsträger auf Schalke.
Doch auch der Weihnachtsmann konnte Heidel nicht helfen. (2017/18)

0:3 gegen die Bayern. Englische Woche auf Schalke.

Die alte Englische Fußball-Phrase, wenn es nicht so läuft. (2017/18)

Null Punkte an Karneval: Schalke greift knapp daneben …

Beim 1:3 in München präsentiert sich Schalke gar nicht so schlecht. Mit
Torschütze Kutucu scheint sogar ein neuer Stern aufzugehen … (2017/18)

Advent-Wichteln in Hoffenheim ...

Das 1:1 in Hoffenheim kam 2018 durch einen unberechtigten Elfmeter (für Hoffenheim)
und einen regulären zustande.

Tolle Tage in Gelsenkirchen ...

Personalpuzzle in Gelsenkirchen unter karnevalistischen Vorzeichen (2018/19)

Gelsenkirchen im Advent ...

Die anhaltende Erfolglosigkeit hat Konsequenzen bis in die
Gelsenkirchener Kinderzimmer. (2020/21)

Trainerwechsel auf Schalke ...

Coach Baum musste nicht allzu lange durch die Drehtür passen. (2020/21)

Steigerlied, neuer Text ...

Der Steiger kommt, die Strophe mit dem Absteiger (2020/21)

IRGENDWAS MIT MEDIEN

Fußball ist ein Dauerbrenner in den Medien. Und längst nicht mehr auf die Sport-Kanäle beschränkt. Zum Leidwesen mancher Romantiker ist der Sport längst zum Event mutiert. Manchmal entsteht der Eindruck, dass überhaupt nur noch gespielt wird, damit in den Medienkonzernen die Quoten stimmen. Und Live-Reporter ihren teilweise eigentümlichen Humor auf Kosten anderer ausleben können.

Schalke 04 ist für die Medien tagtäglich ein beliebtes Thema. Und für die Fans in dieser Dauerbeschallung ist es oft nicht so einfach, Fakten über ihren Lieblingsverein von schnöder Effekthascherei und plumpen Lügen zu unterscheiden. Doch ohne die Medien und ihr Theater scheint der Neuzeit-Fußball vielleicht liebenswert, aber nur noch schwer vorstellbar. Garantieren sie doch jene Aufmerksamkeit, die sich in klingenden Millionen niederschlägt, die das Profigeschäft zu brauchen scheint.

ALLE 11 MINUTEN
VERLIEBT SICH EIN SINGLE
IM INTERNET

ALLE 90 MINUTEN
VERZWEIFELT EIN SCHALKER
IM STADION

Wo Licht ist, da ist auch Schatten. (2015/16)

Das fiese Dschungel-Finale …

Manche Aufgaben im Dschungelcamp sind aber auch wirklich zu unappetitlich. (2012/13)

2011 war die TV-Welt noch richtig niedlich.

Die TV-Medien arbeiten noch auf dem Spielfeld
die kleinen Unterschiede heraus. (2013/14)

Ja gut, das war dann doch eher Käse … (2013/14)

Beim 1:2 zum Saisonstart in Hannover fehlen nach 90 Minuten die Punkte und mit Höwedes und Fuchs zwei vom Platz gestellte Spieler. (2013/14)

Fans ohne Online-Affinität sind zunehmend aufgeschmissen. (2013/14)

Blauknäppchen und der starke Wolf ...

Beim 3:2 gegen Wolfsburg am 12. Spieltag der Saison erlebt Schalke ein seltenes Highlight unter der Regie von Coach di Matteo (2014/15)

Die Generalprobe …

Was für ein Theater. Vor dem Derby wissen die Trainer nicht genau wo sie stehen. (2014/15)

Neulich beim Rückrundenstart …

Zwar gelingt ein mühsamer 1:0-Rückrundenstart gegen Hannover, aber dabei fliegt Klaas-Jan Huntelaar wegen eines Frust-Fouls vom Platz. (2014/15)

Helene Fischer würdigt bei ihren Konzerten
in der Schalke-Arena die letzte Saison ...

Helene Fischer hatte für Fußball-Fans schon immer was Passendes im Repertoire. (2015/16)

Reif hört auf …

Ooh, da waren die Schalke-Fans aber richtig traurig … (2015/16)

Angelina Jolie reicht Scheidung von Brad Pitt ein ...

Die wahren Gründe für das Scheitern eines Traumpaars. (2016/17)

Winterpause: Zeit für den Boulevard …

Hier mal wieder eine gute Nachricht (2018/19)

Ursachenforschung auf Schalke ...

Manchmal hängen die Antworten auf
brennende Fragen auch
am Bauzaun. (2017/18)

Schalke verzweifelt ...

Nein, da fehlten ein paar Teile. Aber: Reklamation zwecklos (2020/21)

Der Fernsehsonntag in Deutschland …

Für jeden etwas dabei: Trauerarbeit für Mann und Frau (2018/19)

Vergessen Sie die Super-League ...

Machen wir das Beste draus! (2020/21)

GEFALLENE ENGEL

Manchmal passt es einfach nicht. Die Erwartungshaltung ist zu groß. Ein Spieler lässt die Einstellung vermissen. Ein Trainer erreicht die Fans nicht. Und einem Manager ist erkennbar alles mehr oder weniger scheißegal. Das Schalker Stadion kann auch für die eigenen Spieler zu einem Fegefeuer werden. Es wird schnell mal gepfiffen, und wer den Unmut über längere Zeit auf sich zieht, der ist nicht zu beneiden. Joel Matip, der in Liverpool unter Jürgen Klopp zu einem der besten Innenverteidiger auf der Welt wurde, konnte sich nicht viele Fehlpässe erlauben auf Schalke.

In der kleinen Auswahl von Oli haben es aber nur solche in diese schwarze Galerie geschafft, die es irgendwie auch verdient haben. Kevin Boateng, Nabil Bentaleb, der kleine Weltklassespieler Max Meyer, der zukünftige Nationaltorwart Alexander Nübel. Und natürlich die Manager Christian Heidel und Jochen Schneider, die man ja in einer solchen Rangliste keinesfalls missen möchte.

Schalke-Trainer auf den Spuren von Felix Magath …

Leicht veränderte Personallage beim Remake des größten Hilbring-Knallers: Sammeln Sie Punkte, Herr Magath. (2018/19)

#Aufschrei
Sexismus-Debatte mit Jermaine Jones

Die einen mochten ihn wegen seiner körperlichen Spielweise. Andere fanden ihn wegen seiner großen Schnauze eher unangenehm. (2012/13)

Neulich bei den Beratern von Julian Draxler ...

Glanz und Elend von Schalkes größtem Talent. Nach dem WM-Titel 2014 verbringt er den Rest seiner Karriere in Paris auf der Ersatzbank. (2013/14)

Prince Boateng: Der Umzugswagen ist gepackt …

Schalkes größter Transferflop
der Nachkriegszeit … (2015/16)

Kurz vor der Premiere von "Kennst du den Mythos …?"

… Er kam als Prince und ging als Kevin. (2015/16)

Taktik-Fuchs Tedesco: Bentaleb gegen Hoffenheim auf ungewohnter Position ...

Suspendiert zu sein, das war der Hauptzustand von Nabil Bentaleb in seiner Zeit auf Schalke. (2017/18)

Schalke übt den neuen Trainernamen ...

Erst kannte ihn keiner, dann wurde er kurz zum neuen Hoffnungsträger, um dann doch wieder entlassen zu werden ... (2017/18)

... Domenico Tedesco blieb nur eine Randnotiz in der Schalker Historie. (2018/19)

Zwei E-Mails reichen nicht, um Max Meyer zu überzeugen.
Die dritte klingt verlockend ...

Die Geschichte vom kleinen Weltklasse-Spieler, dessen
Berater ... (2017/18)

Trainingsauftakt auf Schalke ...

... sich auf seine Kosten etwas verpokert hat. (2018/19)

Heidels wilde Fahrt geht zu Ende ...

Böse Zungen behaupten ja, es war sein Auftrag, Schalke zugrunde zu richten, um dann in Mainz seine Arbeit wieder aufzunehmen. Christian Heidel bleibt auf Schalke unvergesslich. Seine irrsinnigen Transfers haben die Klub-Kasse komplett ruiniert. (2018/19)

Schalke verpennt auch das Spiel gegen Wolfsburg …

Schlimmer als mit Heidel könnte es ja eigentlich nicht mehr werden.
Dachte man. (2020/21)

Bescherung bei den Nübels …

Noch einer, an dem die Fans … (2019/20)

Silvester auf Schalke ...

... ihre helle Freude hatten. (2019/20)

MUTTA ALLER DERBYS

Die Geschichte von Kain und Abel, übertragen auf den Fußball. Kaum 30 Kilometer trennen ihre prachtvollen Stadien. Fünf Jahre liegen ihre Gründungsdaten auseinander. Ihre gleichermaßen riesigen Fangemeinden gründen auf der Arbeiterschaft im Ruhrgebiet. Ihre Insignien sind Kohle und Stahl. Sie sind auf Kohle geboren. Und hassen sich dennoch wie die Pest. Doch sie waren nicht immer so abgrundtief verfeindet, dass sie sich nicht „dat Schwatte unter den Fingernägeln" gönnten – und sich freuten, wenn sie dem anderen einen Erfolg versauen können. Schalkes Meisterelf von 1934 wurde bei der Rückkehr aus Berlin im Dortmunder Bahnhof überschwänglich begrüßt. Keiner sprach vom Hass-Derby. Spieler wechselten hin und her, ohne dass von Verrat gefaselt wurde. Heute haben „Herne-Süd" und „Lüdenscheid" viel von den Milieus der allzu verklärten Bergbausiedlungskultur. Wo man auch dem Nachbarn größere Erfolge neidete.

Der schlechteste Job nach Derby-Niederlagen!

Gelbe haben es in Gelsenkirchen nicht wirklich einfach. (2011/12)

Kein Ausrutscher auf dem Weg zur Meisterschaft!

2007 vermieste Dortmund den Schalkern die Meisterschaft.
Umgekehrt gelang das fünf Jahre später nicht. (2011/12)

Manche Krankheiten will man nicht kurieren. (2012/13)

Knappes Ding auf Schalke. (2011/12)

Sie verzeiht nichts, die Mutter aller Derbys ...

Da ist sie mal zu bestaunen – die Mutta aller Derbys. (2012/13)

Das war für den Señor natürlich die reine Zumutung, auf Kevin Großkreutz treffen zu müssen. (2011/12)

Sonntagsbrunch mit Mario Götze ...

Das fehlt noch: Am Frühstückstisch kommt ein feixender Schalker vorbei. (2012/13)

Neulich an der Kasse ... (2012/13)

Nach zuvor zwei Derby-Niederlagen am Stück schlägt der BVB an Halloween zurück
und siegt zum Schrecken der Schalker mit 3:1 in der Arena. (2013/14)

Schalke oder Dortmund:
Hauptsache Flaschen weg
(2013/14)

Derbysieger bitte links einordnen …

Schalke gegen Dortmund (2014/15)

Grippewelle in Deutschland, nur nicht im Pott ...

Gibt noch andere Krankheiten außer
Grippe und Corona ... (2014/15)

Derby! Das erste Mal für Tuchel und Breitenreiter ...

Unterschiedliche Herangehensweisen an das erste Mal (2015/16)

Derby-Demenz

War da was? (2015/16)

Die Mutter aller Derbys schickt Batman in Rente ...

Gut, dass die Derby-Mutta auch mal durchgreift. (2015/16)

In der derzeitigen Situation ist man sich im Pott einig ...

Bescheidenheit ist eine Zier ... (2016/17)

Derby-Gipfeltreffen um Platz 2 ...

Kumpel auch mal von oben herab. BVB und Schalke sind tabellarisch auf der Höhe. (2017/18)

Neulich nach dem Derby ...

Da entstand echte Liebe. (2017/18)

Auf dem Weg zum Derby ...

Immer diese Wohnungen in der sechsten Etage ... (2018/19)

Konnte doch niemand mit rechnen:
Malocher kommen zum Termin und arbeiten ...

Kleine Rache für 2007. Huub versaut diesmal dem BVB die Meisterschaft. (2018/19)

Neulich beim Derby ...

Das tut weh, schlappes null zu null
im Derby (2019/20)

Die Mutta aller Derbys war traurig ...

Derby im Lockdown (2020/21)

Nach dem Derby beim Materialprüfungsamt in Dortmund ...

Unterschiedlicher könnten die Ergebnisse nach einem Derby nicht sein. (2020/21)

GROSSES KINO

Schalke 04 – der Film. Irgendwann wird sich einer dieses Stoffes annehmen. Zwar gibt es genug Streifen über die sportlichen Erfolge, aber noch keinen, der sich diesem zugrundeliegenden Irrsinn annimmt. Jener verzweifelten Liebe, zuletzt ohne Aussicht auf eine Erfüllung. Schalke-Fans leben ihre Vereins-Verbundenheit aus wie in einer alten Ehe. Man erwartet nicht mehr so viel, bestenfalls erinnert man sich noch gemeinsam an große Zeiten. Ansonsten glaubt man als ewiger Fan in einem falschen Film zu sitzen. In einem leicht unglaubwürdigen Drama, in dem aus einem Champions-League-Dauergast ein Zweitligist wird. In einer Soap mit guten und bösen Akteuren, die man nicht mehr los wird. In einem Katastrophen-Schocker, einer überdrehten Schnulze oder einem Wirtschaftskrimi. Da ist für jeden was dabei. Schalke-Fans sitzen immer in der ersten Reihe und gehen zuverlässig von einem guten Ende aus. Sie hoffen auf einen Helden, einen Retter. Und dann kommen Boateng und Heidel. Doch immer ist großes Kino garantiert.

AUF MYSTERIÖSE WEISE VERSCHWINDEN PUNKTE

ES 04

DER GRUSELFILM - JETZT NEU IM KINO

Ja, Schalke ist manchmal schon sehr gruselig. (2017/18)

Egal. Schalke ist immer großes Kino. (2012/13)

Nach der 0:4-Klatsche in der VW-Stadt ist das Wochenende sowieso gelaufen. (2013/14)

Neu im Kino. Timo Hildebrand ist ...

Timo Hildebrand ist nicht mehr vielen Schalkern als großer Keeper in Erinnerung. (2013/14)

Das Sams im Glück …

Vom 18. bis zum 21. Spieltag blieb Schalke ohne Punktverlust. Das freute nicht nur das Sams. (2013/14)

In letzter Sekunde lässt er ganz Schalke erstarren …

Bremens „Joker" Prödl traf in der Nachspielzeit zum 1:1-Ausgleich. (2014/15)

Batman und Robin sorgen für Ordnung …

Schalke blamiert sich in Dortmund und muss für den Spott nicht sorgen. (2014/15)

Das ewige Vater-Sohn-Gespann auf Schalke. Mit und ohne Tor (2014/15)

Die neue Serie für Schalke-Fans …

Zwei Jahre auf Schalke, besser als jede Serie: Raúl, der Señor (2014/15)

Die neue Staffel kommt ...

Da war er noch der Alleinherrscher: Schweinebaron Tönnies (2015/16)

Großes Kino beim Testspiel ...

Erinnerungen werden wach: Atsuto Uchida, unvergessen (2017/18)

Donnerstag ist Kino-Tag, oder?

Das ewige Vater-Sohn-Gespann auf
Schalke. (2016/17)

Neulich in Mainz: Maskenmann gegen Abstiegsgespenst ...

Schalke gewinnt glücklich durch einen Treffer von Kolašinac mit 1:0 in Mainz. (2016/17)

Schalke und Leverkusen – frei nach Jules Verne ...

Von nun an ging's bergab ... (2017/18)

Jetzt im Kino ...

Auch James Bond und Batman wären auf Schalke ... (2018/19)